CÉRÉMONIES

DE LA

SEMAINE SAINTE

DANS LEURS

RAPPORTS AVEC LES ARTS.

(Extrait des Conférences de Mgr WISEMAN.)

BRUXELLES,

IMPRIMERIE DE J. VANDEREYDT,

Rue de Flandre, 104.

—

1853

CÉRÉMONIES

DE LA

SEMAINE SAINTE,

DANS LEURS

RAPPORTS AVEC LES ARTS.

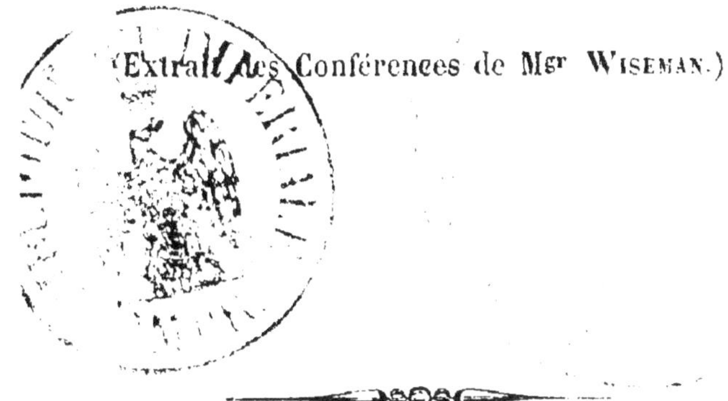

(Extrait des Conférences de Mgr WISEMAN.)

BRUXELLES,

IMPRIMERIE DE J. VANDEREYDT,

RUE DE FLANDRE, 104.

1855

CÉRÉMONIES

DE LA

SEMAINE SAINTE,

DANS LEURS

RAPPORTS AVEC LES ARTS.

Lisez sans préjugés l'office de la Semaine
[Sa]inte, et vous serez non-seulement charmés,
[m]ais surpris du goût parfait, de l'harmonie et
[d]e la noblesse de sentiment qu'il renferme; il
[se]mble que le génie de l'Élégie sacrée ait pré-
[si]dé à sa composition. Je sais qu'il est en grande
[pa]rtie formé de passages de l'Écriture, relatifs à

la Passion, et que c'est déjà tout dire en sa faveur; néanmoins le choix et la réunion de ces morceaux en un seul tout nous offrira toujours ce qu'on peut imaginer de plus heureux et de plus harmonieux. En outre, les répons et les hymnes, mesurés sur le double rhythme classique et ecclésiastique qu'on y a ajoutés, vous paraîtront remplis du sentiment le plus profond. Je puis, pour le rhythme classique, citer l'hymne commençant par les mots: « *Gloria, laus et honor,* » qu'on chante pendant la procession du Dimanche des Rameaux. Il se rattache à une anecdote intéressante. L'abbé Théodulphe la composa, dit-on, dans la prison d'Angers, où on avait été renfermé par suite d'une conspiration contre l'empereur Louis-le-Pieux. Au Dimanche des Rameaux, il le chanta sur un air touchant, au moment où le prince, à la suite de la procession, passait sous les murs de la prison. Les paroles et la musique émurent le cœur du monarque offensé, et il pardonna. Quand même ce fait, qu'on place vers l'an 818, serait inexact, comme quelques-uns l'ont pensé, il prouve du moins le caractère et le pouvoir que la voix publique attribuait à cette composition. Au rhythme ecclésiastique appartiennent les hymnes chantés à l'office du vendredi, et particulièrement le premier: « *Pange lingua gloriosi laus*

eam certaminis, » dont le refrain est de la plus
xquise tendresse.

Mais la poésie de ces offices est surtout dra-
1atique. L'objet et le pouvoir de la poésie dra-
1atique consistent en ce qu'elle n'est pas uni-
uement descriptive, mais encore représentative,
t cela, soit qu'elle se produise par une action,
oit qu'elle ne s'exprime que par des mots. Son ca-
actère propre est de faire assister notre imagi-
iation et notre âme aux scènes que d'autres ont
ues, et d'exciter en nous, par les paroles, les
entiments que nous eût inspirés la réalité. Les
oëtes inspirés de l'ancienne loi, je veux dire
es prophètes, sont remplis de cette puissante et
10ble poésie.

Le caractère général de l'office de l'Église est
iminemment poétique; il n'est aucune de ses
)arties qui ne renferme quelque hymne, souvent
le la plus grande beauté, et il serait facile de dé-
:ouvrir une tendance à la construction poétique
usque dans quelques-unes de ses prières, de ses
itanies et de ses répons. Mais la force dramati-
[ue se retrouve dans tout l'office d'une manière
)lus marquée, et pour le bien comprendre il ne

faut pas la perdre de vue. Ainsi, par exemple, la liturgie des morts tout entière, l'office, les funérailles et la messe ramènent au moment de la mort, et portent l'imagination à la crise formidable de la séparation de l'âme et du corps. Peu importe que l'anniversaire d'un mort soit célébré cent ans ou plus après son décès, si les prières ont pour but d'obtenir sa sortie d'un lieu de châtiments temporaires, où du moins l'espérance du bonheur éternel est assurée; or, l'office de l'Église le représente en péril, luttant contre des ennemis sur le penchant de l'affreux abîme de l'éternel malheur. Dans le pathétique offertoire de la messe, le Sauveur est conjuré « de le sauver de la bouche du lion, de crainte » que l'enfer ne l'engloutisse et qu'il ne tombe » dans les ténèbres. » Dans le Graduel, on le prie de pardonner au mort ses péchés, « afin qu'il » puisse éviter le jugement de sa vengeance; » et dans la durée de l'office on répète ce verset: « Arrachez, Seigneur, leurs âmes des portes de l'enfer. » C'est avec le même goût que des paroles de la plus solennelle expression sont mises dans la bouche du mort, encore engagé dans un débat dont l'issue est douteuse. Plaçons-nous au point de vue que j'ai indiqué, transportons-nous à ce moment suprême où s'établira la balance entre la justice et la miséricorde, élevons nos

entiments de ferveur et de piété au degré d'é-
nergie qu'une prière faite alors inspirerait sans
doute, et nous sentirons combien admirable-
nent belle et terrible est cette liturgie.

C'est avec la même intelligence que l'Église
nous prépare pendant l'avent à la commémoration de la naissance du Sauveur, qu'elle nous pré-
sente comme si elle allait avoir lieu réellement ;
ce ne sont pas de sèches exhortations à profiter
de cet heureux événement et de la fête qui le rappelle ; mais on nous fait chanter chaque jour
avec les Pères de l'ancienne loi : « Cieux, en-
voyez votre rosée, et que les nuées fassent des-
cendre le Juste : que la terre s'ouvre et germe le
Sauveur. » La collecte de trois des quatre dimanches de ce temps commence par ces mots : « Dé-
ployez votre puissance et venez, » comme si
nous craignions que nos iniquités n'empêchas-
sent sa naissance. Il est curieux d'observer que
les compilateurs de la liturgie anglicane, après
avoir, pendant tout le cours de l'année, conservé
nos collectes presque littéralement traduites,
ont reculé devant la poésie hardie de cette idée,
qui, chez nous, s'accorde au reste de l'office, et
ont substitué de nouvelles prières pour deux
dimanches, et altéré la troisième par l'introduc-

tion de mots qui changent et l'idée et le sentiment. Dans l'office catholique, au contraire, la
même pensée subsiste pendant tout l'avent, et
devient de plus en plus sensible à mesure que la
grande fête approche, jusqu'à ce qu'enfin, au
jour même, elle nous reporte encore par ses formes dramatiques au moment et aux circonstan-
ces de la naissance du Sauveur. Les bergers sont
invités en langage poétique à raconter ce qu'ils
ont vu ; et une pieuse illusion fait assister l'âme
à la manifestation des gloires de ce grand jour.

En tout cela, il est impossible de ne pas re-
connaître l'expression poétique la plus élevée
des sentiments les plus convenables à l'événement qu'on célèbre. A toutes les grandes épo-
ques de l'année, l'Église nous rappelle aux scènes
qu'elle veut célébrer, et ce principe général de
sa liturgie est surtout sensible dans l'office de la
Semaine Sainte qu'il anime et vivifie. Ce n'est
pas seulement un souvenir historique, c'est une
représentation dans toute la force du terme.
L'Église se couvre de deuil, comme si son Époux
subissait actuellement sa cruelle destinée ; elle
gémit sur Jérusalem, comme si la mesure de
son iniquité n'était pas encore comblée, et que
le châtiment accompli par sa ruine pût encore

être détourné. Dans les admirables *improperia*
du Vendredi Saint, le Sauveur s'adresse aux
Juifs, comme s'ils étaient encore son peuple, et
leur reproche l'ingratitude dont ils ont payé
ses bienfaits : il ne parle pas aux malheureux
restes de ce peuple dispersés par toute la terre,
mais à la nation entière, comme si elle déployait
encore sa barbarie contre lui. Il faut considérer
les cérémonies sous ce point de vue, et lire
dans cet esprit les offices qui les accompagnent,
sous peine de n'y rien comprendre.

Pourquoi, en effet, chanter les lamentations
de Jérémie sur un mode si pathétique, et déplo-
rer la destruction et la captivité du peuple juif,
quand nous devrions plutôt pleurer nos péchés,
qui ont crucifié le Fils de l'homme, sinon parce
que l'Église espère trouver plus sûrement le che-
min de nos cœurs, en éveillant en nous, à l'é-
gard de l'ancien peuple de Dieu, des sentiments
analogues, par le mélange d'indignation et de
compassion, que la vue de son crime eût si puis-
samment excités? De même si, dans les versets,
les répons et autres parties de l'office, les paroles
sont choisies de manière à ne pouvoir convenir
qu'à Notre-Seigneur lui-même parlant pendant
sa passion, c'est qu'on désire nous représenter

la scène si vivement, que nos affections soient mues comme elles l'auraient été si nous l'eussions entendu s'adresser à nous, ou à son peuple en notre présence, et non comme le pourraient faire nos froides méditations.

Mais la riche poésie de cette idée ressortira davantage si nous analysons quelques-uns des offices. Le jour des Rameaux est destiné à rappeler l'entrée triomphante de Jésus à Jérusalem, et les premiers pas qu'il fit dans la carrière de sa passion. On aurait pu dans une leçon ou une exhortation informer les fidèles du but et du caractère de la solennité; mais au lieu de cette méthode froide et formelle, un chœur, comme dans les chefs-d'œuvre de la tragédie grecque, est chargé de l'exposition. Il ouvre l'office de la manière la plus dramatique en chantant avec une noble simplicité : « Hosanna au fils de David ! Béni soit celui qui vient au nom du Seigneur ! O roi d'Israël ! hosanna au plus haut des cieux ! » Après ces chants, le prêtre ou l'évêque officiant, dans une courte, mais expressive prière, appelle la bénédiction divine sur la commémoration de la passion de Jésus, qu'on va commencer. Le sous-diacre lit alors une leçon de l'Exode parfaitement appropriée au sujet de la fête, et par

à même fort belle. Le Seigneur y promet à Is-
aël, après son séjour sous les palmiers d'Élim,
une entière délivrance de la servitude d'Égypte.
Une telle introduction est à la foi harmonieuse,
noble et tout à fait convenable ; c'est le germe
dont le développement va attirer notre attention.
Le chœur reparaît et prépare à ce qui va suivre,
en racontant le complot des prêtres juifs pour la
perte de Jésus-Christ ; et la prophétie de Caïphe,
où il annonce qu'un seul doit mourir pour sauver tout le peuple. Enfin le diacre entre pleinement dans le sujet, en chantant l'Évangile qui
rapporte l'entrée triomphante de Jésus à Jéru-
alem, et les cris de joie qui l'accompagnèrent.
Le célébrant (à la chapelle Sixtine, c'est le Pape
lui-même) procède à la bénédiction des palmes,
c'est-à-dire implore la bénédiction du Ciel pour
tous ceux qui les portent et les conservent en
souvenir de cet événement où commence l'œuvre
de notre rédemption.

Je ne dirai rien des prières employées dans
cette bénédiction qu'on ne puisse dire de toutes
prières de l'Église, c'est-à-dire qu'elles renfer-
ment une élévation de pensée, une beauté d'allusion, une force d'expression et une profon-
deur de sentiment qu'on ne retrouve dans aucune

forme de supplication moderne. Elles sont ici asse
nombreuses, mais relevées par le chœur don
les chants d'allégresse s'y mêlent de la manièr
la plus heureuse.

Les palmes distribuées, la scène du triomph
de Jésus-Christ est représentée par la proces
sion dans laquelle on les porte. Le chœur entre
tient l'effet dramatique en chantant d'abor
comment le Sauveur envoya deux disciples
Béthanie pour cherche l'humble monture qui lu
devait servir ; puis il décrit ce cortége dans un
série de strophes qui s'élèvent en beauté jusqu'
ce qu'elles parviennent au ton de la plus parfait
poésie lyrique ; et enfin il s'écrie : « Unissons
nous dans la foi, aux anges et aux enfants qu
crient au triomphateur de la mort : Hosanna a
plus haut des cieux ! »

Voici maintenant une cérémonie qu'on n
saurait comprendre sans la considérer sous l
même point de vue dramatique. Quand la proces
sion revient à la chapelle, la porte est fermée
ainsi l'entrée du ciel était interdite à l'homm
déchu. Quelques voix en dedans chantent le
deux premiers versets de l'hymne de Théodulphe

le chœur entier les répète en dehors et sur le même ton. Ces deux versets reviennent ensuite comme un refrain à chaque distique que les voix chantent à l'intérieur. A la fin le sous-diacre frappe la porte avec le bois de la croix, pour exprimer que le ciel a été ouvert par le sacrifice de la croix; les portes s'ouvrent et la procession entre, tandis que le chœur raconte l'entrée du cortége triomphal de Notre-Seigneur dans la sainte cité.

Deux psaumes ont été composés pour faire partie d'une action dramatique toute semblable. Le premier est le 24ᵉ, et fut chanté à la translation de l'arche sur la montagne de Sion. Il commence par un chœur magnifique:

« A l'Éternel appartient la terre et tout ce qui la remplit. »

Après cette noble introduction, le chœur demande:

« Quel est celui qui montera sur la montagne du Seigneur,
» Et qui s'établira dans le séjour de sa sainteté? »

Après une belle réponse à cette question, le

tabernacle arrive et la procession touche à sa fin ;
le chœur alors s'écrie :

> « Élevez vos têtes, ô portes !
> » Élevez-vous, portes éternelles.
> » Et le roi de gloire entrera. »

Un demi-chœur (de l'intérieur probablement)
répond :

> « Quel est ce roi de gloire ? »

Le chœur :

> « C'est Jéhova, Dieu fort et puissant ;
> » Jéhova, Dieu puissant dans les combats. »

Ce dialogue se répète une seconde fois, et
alors les portes s'ouvrent, et le cortége en en-
trant fait retentir ce cri de triomphe :

> « Ce roi de gloire, c'est le Dieu puissant des combats. »

Suivant Lowth, le 121e psaume a la même
disposition. C'est le roi qui, sur le point de faire
la guerre, s'approche du tabernacle, et, sans y
entrer, implore l'assistance divine, tandis que

le l'intérieur les prêtres en chœur lui promettent que sa prière sera exaucée.

L'analogie entre ces scènes dramatiques inspiées et celle qui termine notre procession semble rès-frappante, et doit ajouter à l'intérêt qu'elle ffre déjà.

Mais une autre partie de l'office répétée le dimanche des Rameaux et le Vendredi Saint, la urpasse de beaucoup en puissance dramatique, t en effet sublime. Je fais allusion, et vous 'avez déjà compris, au chant de la Passion, suiant saint Mathieu et saint Jean, qui a lieu aux leux jours que j'ai désignés. Il est exécuté par rois interlocuteurs, en habit de diacre, qui se artagent les rôles de la manière suivante. Le écit est fait par une mâle et forte voix de ténor; es paroles du Sauveur sont chantées par une asse profonde et solennelle, et un contralto dit out ce qui est mis dans la bouche des autres ersonnages de la Passion. Cet ensemble produit m effet dramatique : chaque rôle a sa cadence articulière parfaitement adaptée à son esprit; 'est un chant ancien, simple, mais riche et digne le la tragédie antique. Celle du narrateur est

claire, nette et faiblement modulée; celle des
divers interlocuteurs a un ton vif et approchant
presque de celui de la conversation familière;
celle du Sauveur est lente, grave et solennelle.
Elle commence fort bas, et monte par tons pleins,
puis s'étend en modulations simples et riches,
et finit gracieuse et expressive, modifiée avec
plus d'effet encore dans les phrases interrogatives.
Ce chant est à peu près le même dans toutes les
églises catholiques; mais au Vatican il reçoit un
nouveau relief de la justesse et de l'habileté des
voix, étant exécuté par des membres de la chapelle, et non, comme à l'ordinaire, par des ecclé-
siastiques.

Ce qui rend surtout cette récitation dramatique belle ou plutôt magnifique, à la chapelle
Sixtine, c'est le chœur. Toutes les fois que dans
l'histoire de la Passion la foule des Juifs, ou
même plusieurs personnages, doivent parler
ensemble, il éclate en une harmonie simple, mais
large, et pour ainsi dire massive, et rend les paroles avec une vérité et une énergie saisissantes. Ces
morceaux d'ensemble furent composés, en 1585,
par Thomas-Louis de Victoria, natif d'Avila
et contemporain de l'immortel Palestrina, qui
n'essaya pas de les corriger ou de les changer.

sans doute, comme me le disait son digne successeur, Baini, parce qu'il les trouva trop parfaits et trop bien adaptés à leur destination. Il y en a vingt-et-un dans l'évangile du dimanche, et onze seulement dans celui du vendredi; en outre, les phrases en sont, dans le premier, plus longues et plus susceptibles d'une expression variée, et le compositeur a pleinement profité de cet avantage. Quand les Juifs s'écrient : « Crucifiez-le, » ou bien « Barabbas, » la musique, comme les paroles, est concise et d'une énergie terrible; elle n'a qu'une note pour chaque syllabe, et dans les trois notes du dernier mot, un changement subit de ton produit un effet saisissant. Dans ce chœur, comme dans quelques autres, l'effet est rendu plus puissant par sa terminaison brusque en double croche (note d'ailleurs inusitée à la chapelle Papale), quoique la mesure soit remplie par une blanche. La phrase musicale, composée presque entièrement de croches, a un mouvement vif, mais marqué, et pour ainsi dire saccadé, qui rend parfaitement les vociférations d'une populace furieuse. Ce sont là des modifications traditionnelles de la partition écrite, conservées d'année en année, chez les musiciens, depuis le temps du compositeur. Dans le troisième chœur de la Passion de saint Mathieu, où parlent les deux faux

2.

témoins, se trouve un duo de soprano et contralto, dans lequel les mots se traînent les uns après les autres, comme si chaque interlocuteur empruntait les mensonges de l'autre ; la musique est toute syncopée, et tantôt dissonante, tantôt se copiant mutuellement ; l'ensemble des deux parties rend bien cette observation que « leurs témoignages ne s'accordaient pas entre eux. » Dans le seizième, rien ne surpasse la douceur du ton avec lequel sont proférées ces paroles : « Salut, roi des Juifs ! » avec toute l'expression convenable à leur sens véritable ; elles conduisent l'âme à répéter au sérieux cette plaisanterie blasphématoire. Vers la fin, les chœurs deviennent plus longs, plus riches, plus variés ; le dix-septième et le dix-huitième sont des chefs-d'œuvre : ils sont plus hardis dans leurs transitions, plus heureux dans leurs motifs, et leurs cadences finales sont majestueuses et pleines. Cependant, dans l'Évangile de saint Jean, il y a deux phrases qui, moins riches peut-être, sont cependant d'une modulation plus exquise. Je pourrais citer la dixième, « Si vous le laissez aller, vous n'êtes pas l'ami de César, » dont la facture est délicieuse. Mais la plus belle, de beaucoup, et la plus pathétique est la dernière : « Ne la divisons pas, mais tirons-la au sort. » Les parties tombent l'une après l'autre, de plus en plus

ouces et presque en mourant, jusqu'à ce que le
hœur entier se relève à la fois plein de douceur
t de majesté.

Je suis entré dans ces détails parce que ces
nelles compositions étant fort courtes, exécutées
vec rapidité, et frappant soudainement l'oreille
our s'évanouir aussitôt, produisent générale-
nent l'étonnement plutôt que l'admiration; et
qu'on n'a pas le loisir de remarquer l'expression
propre de chacune d'elles, et la savante simplicité de leur composition.

On reconnaîtra, je pense, que la disposition
de ces Passions a été inspirée par une pensée pro-
fondément dramatique, bien digne du sujet, et
capable de produire sur l'âme une impression
plus pieuse et plus solennelle que ne le pourrait
faire aucun récit de cet important événement.
Déjà si bien soutenu par les chœurs dont nous
venons de parler, ce chant reçoit encore un nou-
vel intérêt poétique de la manière dont il est
exécuté; car, avec beaucoup de naturel, la forte
voix chargée du récit, s'adoucit graduellement à
mesure que la catastrophe approche, se réduit
presque à un soupir, après les derniers mots

prononcés sur la croix, et meurt tout à fait
quand le Sauveur rend son âme. Alors tous tombent, pour ainsi dire, spontanément à genoux,
et, pendant quelques moments, gardent un profond silence que leur imposent leurs émotions.

Après m'être arrêté si longtemps sur ces deux
offices, pour guider l'esprit à une juste appré-
ciation de leurs principes artistiques ou poé-
tiques, il serait inutile d'accumuler d'autres
exemples. L'idée est la même partout : c'est de
reporter l'esprit et le cœur à la scène originale
et d'en concentrer les pensées et les affections
sur les derniers moments du Rédempteur,
comme si nous en étions témoins. Le même
principe, mais fortifié par la recommandation,
j'ai presque dit le commandement du Seigneur,
a fait conserver parmi les cérémonies ecclésias-
tiques l'usage de laver les pieds aux pauvres, le
Jeudi-Saint. Le Pape se dépouille de ses riches
habits sacerdotaux, lave les pieds de ceux qui
ont été désignés et les baise. Le souvenir de la
conduite de Notre-Seigneur, dans ses derniers
jours, n'eût pas été complet, si dans l'office de la
semaine on n'eût donné place à ce singulier acte
d'humilité qu'il voulait joindre, comme un
exemple, au précepte de la charité fraternelle.

t si la distance est incommensurable, infinie
ntre le Fils de Dieu incarné, et un homme,
quelque haut placé qu'il puisse être sur la terre,
ouvons-nous imaginer rien qui approche plus
e cette manifestation de sa charité condescen-
ante, une application plus sensible du commandement qu'il nous a laissé de « faire ce qu'il
fait, » qu'en voyant celui que la grande ma-
orité des chrétiens regarde comme le représen-
tant et le vicaire du Christ, celui que tous re-
connaissent comme un souverain, et qui dans
on royaume spirituel compte plus de sujets
qu'aucun roi n'en réunit sous son sceptre tempo-
rel, remplir ce devoir, que beaucoup dédaigne-
raient, malgré les cérémonies qui le relèvent, et
accomplir à la lettre envers ses pauvres frères,
ce que Jésus-Christ fit à l'égard de ses apôtres.
Partant de notre principe de représenter, comme
dans un drame, la conduite du Rédempteur, ce
rite devient non-seulement convenable, mais
presque nécessaire.

Bien d'autres cérémonies s'expliqueraient de
la même manière. Par exemple, en se rappelant
la croyance catholique de la présence réelle du
corps et du sang de Jésus-Christ dans l'Eucharistie, on reconnaîtra que *le tombeau*, c'est-à-

dire l'usage de renfermer les saintes espèces sur un autel préparé à cet effet, devient une vivante image de la dernière circonstance de la Passion. Mais je crois en avoir dit assez pour faire comprendre dans quel esprit on doit considérer ces offices : pour éviter une ennuyeuse prolixité, je laisserai plusieurs autres exemples qui se présentent à mon esprit, et je me contenterai de faire une ou deux observations sur l'ensemble de la semaine. Si chaque partie possède le caractère de vie et d'action qui forme l'essence de la représentation dramatique, un observateur attentif remarquera en outre comment tout est disposé de manière à ce que chaque jour ajoute à nos sentiments de piété recueillie et mélancolique, tandis que des contrastes et des épisodes entretiennent l'énergie et la force poétique; et ce résultat est dû à la fidélité avec laquelle la représentation s'attache à suivre la scène originale.

Ainsi l'office du dimanche des Rameaux s'ouvre d'une manière triste et solennelle, mais avec un mélange de joie passagère; en portant les palmes en triomphe, nous célébrons l'entrée de Jésus à Jérusalem. Pendant les trois jours suivants, l'office, tout imprégné de tristesse, n'est cependant accompagné d'aucune démonstration publique remarquable, et ce n'est que le mercredi, aux Ténèbres, que l'Église montre son deuil dans le chant solennel de son office, des lamentations et du *Miserere*. Le jeudi, pour un moment, arrête le cours de la douleur. Il rappelle l'institution de la sainte Eucharistie, et la confirmation de la loi d'amour. Les ornements blancs, le chant du *gloria in excelsis*, tout indique quelque adoucissement à la tristesse toujours croissante; mais dans tout l'office on retrouve le même sentiment de mélancolie religieuse. Ce tribut de reconnaissante allégresse une fois payé, la carrière est ouverte à la douleur : les autels sont dégarnis non-seulement de leurs ornements (cela a été fait depuis le dimanche de la Passion), mais encore de leurs couvertures de chaque jour, et avec eux toute la chapelle, depuis le haut jusqu'au pavé, reste nue et dépouillée. Le violet du dimanche précédent fait place à la sombre couleur du deuil, le noir; les cardinaux, pour ce seul jour dans l'année, revêtent la serge au lieu de la soie; la liturgie semble confuse et imparfaite, et l'église reste sans encens ni lumières, triste et solitaire comme une mère à la mort de son fils unique. Autrefois on passait le samedi dans l'abandonnement d'une douleur muette, sans office ni chant; mais le rit

actuel laisse entrevoir l'aurore de la consola-
tion; on sent l'approche de la Résurrection, l'al-
leluia du jour suivant est annoncé, et ainsi
s'évite la trop brusque transition, qui sans cela
nous jetterait de l'abîme des douleurs au milieu
de la plus brillante consommation de la joie spi-
rituelle, et des glorieuses pensées qu'inspire aux
fidèles la Résurrection du Sauveur. Tels sont
les principes de tous les offices de la Semaine
Sainte : ce sont de véritables représentations
des scènes plutôt que des souvenirs, qui font
passer sous nos yeux les différents traits de la
Passion de Jésus-Christ, et qui, soit dans leur
action séparée, soit dans leur ensemble, con-
tiennent les éléments d'une poésie éminemment
dramatique.

Il était impossible qu'une telle poésie restât
longtemps seule; et sa sœur, la science du son et
de l'harmonie, devait bientôt s'unir à elle. Il eût
été, certes, étrange que le génie inspirateur de
l'art chrétien, après l'avoir enrichi des autres
formes du beau, n'eût rien trouvé dans la musique qui fût digne de lui, ou bien que l'esprit
qui avait su combiner dans un vaste cérémonial
tant de nobles et grands sentiments, n'eût pas su
les moduler en accents convenables.

Après avoir déjà reconnu dans ces saints offi-
es une grande influence sur les éléments inti-
nes de la plus haute beauté poétique, il nous
este à nous occuper de la musique. Nous ne la
rouverons pas au-dessous de sa destination ; car
elle que vous allez entendre pendant la semaine
rochaine, aucun lieu du monde ne pourrait
ous l'offrir dans le même espace de temps, ou
nême jamais, soit que vous en considériez la
randeur d'effet, soit que vous vous arrêtiez au
nérite de la composition, à ses impressions irré-
istibles, ou à son intérêt historique.

La musique exécutée dans la chapelle Papale
endant la Semaine Sainte est de deux espèces :
e chant grégorien ou plain-chant, appelé en
talien *canto fermo* ou *canto piano*, et la musique harmonisée appelée *canto figurato*, réser-
ée à la chapelle. Il est inutile de rappeler que
amais aucun instrument n'y est admis. Le chant
grégorien sert pour les Ténèbres, à l'exception
le la première lamentation et du *Miserere* de la
in, et pour certaines parties de la messe, comme
l'introït, le graduel, l'offertoire, la communion.
Les deux portions des Ténèbres que nous venons de signaler, le *kyrie*, le *gloria* et les autres
morceaux de la messe sont chantés en harmonie.

Je citerai, comme inimitable, la Passion dont j'ai déjà parlé, et la bénédiction du cierge pascal, le Samedi Saint au matin : ce dernier morceau est à la fois la plus gaie et la plus noble pièce de musique déclamatoire, si je puis ainsi parler, que l'on puisse trouver. Les psaumes de Ténèbres sont chantés en chant grégorien, mais je saurais difficilement où chercher quelque chose de plus riche et de plus expressif que les modulations du verset chanté avant le *Miserere*. « *Christus factus est*, etc., le Christ s'est fait obéissant pour nous jusqu'à la mort. » Chaque soir on ajoute un passage, et toujours l'air augmente en douceur et en beauté. La seconde et la troisième lamentation sont chantées chaque jour par une seule voix de contralto sur une modulation bien connue, mais modifiée à la chapelle Sixtine, de manière à lui donner plus de douceur. En général, celle qui est modulée avec le plus de délicatesse et de pathétique, est la prière de Jérémie, la dernière du vendredi soir.

Dans tous ces exemples, et dans bien d'autres, nous avons les plus parfaits modèles de véritable chant grégorien ; mais ils nous offrent d'autres remarques plus intéressantes pour ceux

ui étudient l'histoire de la musique. Il parai-
ait que dans l'ancien chant ecclésiastique, la
iélodie était *rhythmique*, c'est-à-dire que l'écri-
ire ne représentait pas de différence de durée
ntre les notes. Les lettres qui les exprimaient
'étaient notées que pour indiquer le ton, mais
ı mesure de la note suivait la quantité de la
vllabe à laquelle elle était jointe, de manière à
roduire le rhythme pratique ou la prosodie de
hymne. On ne rejetait pas cependant les orne-
ients dont l'addition pouvait donner de la grâce
u mouvement. Si l'on veut se former une idée
e ce que pouvait produire un pareil système
iusical, il faut aller à la chapelle Papale au
'endredi Saint, écouter le seul morceau de ce
enre qui ait été conservé, ou que l'on chante
ans le monde. C'est l'hymne « *Pange lingua* »
ui suit les *improperia*, pendant qu'on baise le
rucifix. C'est une composition vive et brillante,
t qui répond bien aux paroles de triomphe
ıu'elle doit rendre; et si quelqu'un lui trouvait
ıuelque chose de trop léger pour la circonstance,
ette sévérité disparaîtrait, j'en suis sûr, quand
ın réfléchirait que c'est là le seul reste de cette
ıusique, la seule poétique, qui se mariait fidè-
ement à la prosodie des paroles. D. Antonio
Éximeno, écrivain distingué sur les matières mu-
icales, était si frappé par cet hymne, qu'il ve-

naît tous les ans pour l'entendre, et qu'il en a
composé un long éloge scientifique. Il le proclame
une œuvre que tout compositeur ou directeur de
musique d'église devrait étudier avec soin comme
un bel exemple du style rhythmique. Et ce n'est
pas le seul monument de musique, ailleurs per-
due, qu'on retrouve ici ; car si la Semaine Sainte
nous a conservé le seul échantillon d'un système de mélodie, elle a sauvé aussi les seuls
restes du système d'harmonisation le plus an-
ciennement connu.

Pierluigi (appelé Palestrina, du nom de sa
ville natale), directeur de la musique de la basi-
lique de Latran, composa en 1560 ses célèbres
improperia, dont j'ai parlé déjà plusieurs fois :
ce sont de doux reproches que le Sauveur adresse
à son peuple sur sa conduite ingrate et cruelle ;
le Trisagion « Dieu saint, Dieu puissant, Dieu
immortel, » chanté en grec et en latin par un
chœur et un demi-chœur, s'y mêle comme un
refrain.

L'impression produite par cette composition
simple et sublime fut telle, que l'année suivante,
le Pape Pie IV pria Palestrina d'en laisser pren-

e une copie pour sa chapelle, où, depuis, on
. exécutée tous les ans le jour du Vendredi
.int.

Dans ces *improperia*, chaque verset est chanté
ır la même musique, et divisé en deux parties,
ı telle sorte que presque toutes les paroles se
ısent sur une même note, et vont se résoudre
ı deux cadences, au milieu et à la fin. A ne
ınsidérer que le travail, il semble que le pre-
ıier venu, un enfant presque, en eût fait autant.
ans le chœur et le demi-chœur du Trisagion,
haque voix n'a que deux notes et de l'harmonie
ı plus facile ; et, cependant, à entendre ce chant
ıible et hardi, doux et plein tout à la fois, exé-
ıté avec les délicates modulations que seul ce
hœur lui peut donner, on se sent entraîné aux
entiments d'une pieuse mélancolie que jamais
ıe réveilla le *Miserere* lui-même, si célèbre et
ıien plus savant. C'est vraiment le triomphe de
a nature sur l'art, et seul un grand génie a pu
ınccevoir que les plus simples combinaisons
ıussent produire un effet aussi admirable. Le
ıocteur Burnet appelle Palestrina « l'Homère de
'ancienne musique, » et nulle composition, peut-
ître plus que celle-ci, ne lui a mérité ce titre.
Mais sa gloire ne devait point s'arrêter là ; on
ıeut l'appeler le sauveur de la musique.

On a dit généralement que le pape Marcel II, ayant voulu, dans son règne de quelques jours, abolir la musique sacrée, Palestrina avait demandé une épreuve, et présenté la messe dont je viens de parler. Mais le titre qu'elle porte : « *Missa papæ Marcelli,* » ne lui fut donné qu'à l'époque de sa publication, faite à la requête de Philippe II, roi d'Espagne, plusieurs années après sa composition, qui datait elle-même du troisième pontificat après Marcel.

Si l'on veut entendre cette magnifique composition, il faut aller à la chapelle Papale le Samedi Saint, seul jour de l'année où on l'exécute. Elle est à six voix, ayant deux basses et deux ténors. Comme Palestrina voulait éviter tout air profane, et cependant donner à chaque partie une allure variée, pour que chacune, de temps en temps, pût se reposer, il prit cet expédient qui assura un fondement magnifique à son harmonie, par la stabilité de ses parties basses et moyennes, tandis que le contralto et le soprano pouvaient chanter alternativement. L'effet de cette combinaison est prodigieux. Dans les chœurs modernes, une ou deux parties, au plus, ont du mouvement, tandis que les autres sont bornées à des notes soutenues, ou chantent à

unisson si elles sont plus de quatre. Mais dans
ette messe, comme dans toute sa musique, il
i'y a pas de remplissage; chaque partie est,
omme le dit le docteur Burnet, une partie *réelle*,
ussi importante que les autres, aussi pleine de
igueur, de vie et de mouvement. Aussi, à l'exé-
·ution, elle a plus de puissance que bien des
·ompositions à douze et à seize voix. On l'a ar-
·angée pour quatre et pour huit voix; mais ces
norceaux que l'on a quelquefois, par erreur,
ittribués au compositeur lui-même, sont vides
l'effet et ont perdu tout à fait le caractère de l'o-
·iginal. Je puis dire, par expérience, que cette
nesse exécutée avec une seule voix pour chaque
partie, a plus de force et d'effet qu'une composition ordinaire avec le double de voix.

La musique de Palestrina est surtout riche,
harmonieuse, imposante. Elle est essentielle-
ment chorale, comme le doit être la musique
d'église. De simples litanies chantées par une
multitude sans art, avec toute la vivacité de la
dévotion, toucheront l'âme avec bien plus de puissance que ne le pourront faire toutes les combinaisons artificielles d'un musicien moderne. La
musique du temple était évidemment chorale,
chantée par des troupes de lévites et soutenue

par le son des trompettes. Partout où l'Écriture
mentionne la musique céleste, elle lui attribue
aussi ce caractère. Quatre esprits (le nombre de
l'accord parfait) s'unissent pour chanter : « Saint,
Saint, Saint. » Une multitude innombrable
chante le magnifique cantique « à l'Agneau qui
a été sacrifié, » et leur voix est comme le bruit
de la mer; et les vierges qui chantent le cantique à elles seules réservé, sont au nombre de
quarante mille. La musique d'église devrait être
dans le même esprit : puisqu'elle est exécutée
au nom de la multitude des fidèles, unis dans les
liens de la charité, il faudrait qu'elle fût, s'il est
permis de parler ainsi, multitudinaire et harmonieuse. Palestrina n'est pas du tout, comme
l'insinue Burnet, dénué de mélodie : dans ses
motets il y a un mouvement bien marqué, qui,
bien que tout différent de ce qu'on appelle air ou
cantilène, donne cependant à chacun un caractère spécial et laisse une impression dans la mé-
moire, ce qui est le critérium le plus vrai peut-
être de la mélodie. Quand Palestrina traite un
thème pathétique, personne n'est plus tendre et
plus riche, et cela sans les changements de tons
et les accords inattendus qu'a introduits la musique moderne. Un des plus beaux exemples de
ce style dévot et pathétique s'exécute à l'offertoire du dimanche de la Passion. C'est un motet

r ces paroles : « *Peccavimus cum patribus no-*
-is. » À la même classe appartient son *Stabat*
l'on ne chante qu'à l'offertoire du dimanche
s Rameaux. La première lamentation de mer-
edi et celle de vendredi (celle de jeudi est
ie à Allégri) sont encore plus délicieuses, quoi-
ie peut-être moins expressives que ses autres
ivrages. Je veux dire qu'il ne s'y occupe que
eu ou point de rendre l'expression de chaque
issage en particulier, et je crois que c'est là un
ractère essentiel à ce style de musique, et né-
ssaire à la perfection de son effet.

Dans les anciennes peintures sacrées, chaque
artie concourt à produire une impression uni-
ie : le calme du firmament, le gracieux
aysage, les saints qui dans une attitude modeste
nt debout de chaque côté, la pose de ceux qui
égent au milieu, tout offre une unité de ton et
e sentiment, et porte exclusivement à la dévo-
on. Les anciens maîtres, en général, excluent
e leurs crucifiements les soldats brutaux et la
iule, et ne laissent voir autour de la croix de
ésus que ses amis affligés. Les modernes ont
ru gagner au contraste et introduisent des grou-
es de bourreaux et d'ennemis barbares, qui
ouillent les plus purs sentiments de la scène par

le mélange des passions terrestres : cela produit
sans doute un effet plus pittoresque ; mais autant
on a gagné de ce côté, autant on a perdu en
puissance morale. Or on trouve absolument la
même différence entre les anciens et les nou-
veaux compositeurs de la chapelle Papale.

FIN.